Stephanie Feghelm, Silke Reichardt

Strickschläuche
Winterliche Motive

ENGLISCH VERLAG

Für Mama
Wir hoffen, daß wir in Deinem Sinne gearbeitet haben.

Die Deutsche Bibliothek – CIP-Einheitsaufnahme
Strickschläuche – winterliche Motive / Stephanie Feghelm und Silke Reichardt. –
Wiesbaden: Englisch, 1996
ISBN 3-8241-0699-X

© by F. Englisch GmbH & Co Verlags-KG, Wiesbaden 1996
ISBN 3-8241-0699-X
Alle Rechte vorbehalten. Nachdruck, auch auszugsweise, verboten.
Fotos Peter Wolf
Printed in Germany

Inhaltsverzeichnis

3

Vorwort

Als im letzten Jahr die ersten unserer skandinavischen Freunde Gestalt annahmen, packte uns schnell die Bastelleidenschaft. Schon bald herrschte drangvolle Enge auf dem Arbeitstisch. Herr Jensen, der Nikolaus – wie immer topmodisch und adrett –, war froh, seinen Knecht Sven Oluf dicht an seiner Seite zu haben. Der freche Weihnachtswurm zupfte nämlich dauernd an seinem Mantel. Endlich war es soweit. Alle hatten es gehört: „Kinder, Baum schmücken!" Das gab ein fröhliches Weihnachtsfest! Aber nach einer Zeit wurde es langweilig. Alle kannten sich, es gab nichts Neues mehr zu erzählen. „Eigentlich wäre es schön", sagte Sven Oluf, „wenn wir noch mehr Freunde hätten." Und Sonja, die Weihnachtsmaus, wollte gerne etwas von ihrem warmen Strickschlauch abgeben, wenn sie neue Gesellschaft bekäme.

Nun, wir wollten unsere Freunde glücklich sehen, also versprachen wir ihnen, daß im nächsten Jahr neue Kameraden zu ihnen stoßen würden.

Und hier sind sie nun – die Neuen!

Wir hoffen, sie gefallen Ihnen genauso gut wie uns und wünschen Ihnen viel Spaß beim Basteln!

Stephanie und Silke

5

Material und Werkzeug

Material

Strickschläuche gibt es in vielen Farben und Breiten. Sie lassen sich problemlos mit der Schere schneiden. Durch Aufrollen oder Abbinden verhindern Sie das Fallen der Maschen. Das Kleben der Strickschläuche gelingt am besten mit der Heißklebepistole. Kinder sollten aus Sicherheitsgründen mit einem Kontaktkleber arbeiten.

Außerdem benötigen Sie:
– Holzkugeln
– Holzhände, -füße und -schuhe
– Chenilledraht
– Samtfaden
– Filz in verschiedenen Farben
– Wackelaugen
– Federboa
– Stoffe
– Figurendraht
– Lockenstrang
– Langhaarplüsch

– Pompons in verschiedenen Größen
– Hobbyfarbe
– Künstliche Tanne
Genaue Materialangaben finden Sie
bei den einzelnen Motiven.

Werkzeug
– Heißklebepistole
– Schere
– Nadel und Faden
– Phantomstift
– wasserfester Folienstift

Tips und Tricks

Abbinden der Schläuche
Je schmaler der Schlauch ist, desto
länger muß er abgebunden werden,
um das Fallen der Maschen beim Aufrollen zu verhindern.

Gesichter
Auch Wichtel, Nissemänner und andere Figuren haben Stimmungen, die
sich an ihren Gesichtern ablesen lassen. Nebenstehend sehen Sie einige
Beispiele. Am besten malen Sie die
Gesichter mit einem wasserfesten Folienstift oder mit einem Signierstift
aus der Seidenmalerei auf. Je weni-
ger Druck Sie beim Malen aufwen-
den, desto geringer ist die Wahr-
scheinlichkeit, daß die Farbe auf der
Holzmaserung verläuft.

Übertragen der Schablonen
Zum Übertragen der Schablonen verwenden Sie am besten einen Phantomstift. Er malt gut auf Filz und verschwindet nach einigen Tagen von al-
lein. Wenn er mit Wasser in Berüh-
rung kommt, verschwindet er sofort.

7

Tischdekoration

Serviettenringe

– 1 Paar Holzschuhe, 3 cm lang
– 1 Holzkugel, 3 cm Ø
– Langhaarplüsch
– 15 cm roter Strickschlauch,
   1,5 cm breit (Schal)
– 10 cm roter Strickschlauch,
   3 cm breit (Mütze)
– Samtfaden

Schneiden Sie den Figurendraht in der Mitte durch, und kleben Sie beide Teile über Kreuz zusammen. Die Beinlänge sollte ca. 6 cm betragen. Die Enden kleben Sie in die Holzschuhe. Eines der oberen Enden kleben Sie in die Holzkugel, das andere an den so entstandenen „Hals".
Bemalen Sie jetzt das Gesicht. Befestigen Sie den Langhaarplüsch mit Klebstoff am Kopf, und kleben Sie die vorher aufgerollte Mütze aufs Haar. Das Ende der Mütze wird mit einem Samtfaden abgebunden. Nun wickeln Sie den Schal um den Hals und fixieren ihn mit ein wenig Klebstoff. Die Enden binden Sie wieder mit einem Samtfaden ab.

Zu Weihnachten ist vieles anders. Man geht netter miteinander um, man zieht sich hübscher an und vor allem wird der Weihnachtstisch wundervoll gedeckt.
Und was wäre ein Weihnachtstisch ohne Serviettenringe?

Lutz
Material
– 30 cm Figurendraht

Lea
Material
– 1 Holzring, 5,5 cm Ø
– rote Hobbyfarbe
– 1 Paar Holzschuhe, 3 cm lang
– 1 Holzkugel, 3 cm Ø
– 7 cm geringelter Strickschlauch,
   4 cm breit

– 10 cm weißer Lockenstrang
– 25 cm blaues Satinband,
   6 mm breit

Bemalen Sie den Ring mit roter Hobbyfarbe, und kleben Sie ihn auf die Holzschuhe.

Befestigen Sie nun den Kopf auf den Ring, und bemalen Sie ihn. Jetzt kleben Sie die Haarlocken auf.
Befestigen Sie die vorher aufgerollte und abgebundene Mütze auf dem Kopf. Der Halsansatz wird mit einer kleinen Schleife verziert.

Tischkarten

Weihnachten ist ein Familienfest. Daß jeder sein Plätzchen findet, dafür sorgen die Nissemänner.

Søren
Material
– grüner Fotokarton, 10 x 12 cm
– 1 Holzbutton, 3 cm Ø
– 1 roter Pompon, 7 mm Ø
– 7 cm roter Strickschlauch,
   3 cm breit
– 1 Paar Holzschuhe, 2,5 cm
– Langhaarplüsch
– Embossingstift, klar
– Embossingpuder, gold
– Samtfaden

Schreiben Sie zuerst mit dem Embossingstift den Namen auf den zugeschnittenen Karton.
Streuen Sie den Embossingpuder auf die Karte, und schütteln Sie die Reste ab.
Jetzt legen Sie die Karte kurz auf ein heißes Bügeleisen oder halten sie über einen Toaster. Das Pulver schmilzt zu reinstem „Gold".
Kleben Sie die Karte auf die Holzschuhe, und befestigen Sie den vorbereiteten Kopf an der Karte. Hier haben wir

den unteren Mützenrand nicht nach außen aufgerollt, sondern nach innen geschlagen.

Tip: Damit die Karte wegen des Gewichtes vom Kopf nicht auseinandergleitet, kleben Sie von innen einen Steg an.

Liz

Material

- 12 cm roter Strickschlauch, 4 cm breit
- 1 Holzkugel, 4 cm Ø
- 1 Holzkugel, 3,5 cm Ø
- 1 roter Pompon, 7 mm Ø
- Langhaarplüsch
- 13 cm Figurendraht
- gelber Fotokarton
- rote Hobbyfarbe
- Embossingstift
- Embossingpuder, gold
- Samtfaden
- Schaschlikspieß

Kleben Sie die kleine Kugel auf die große Kugel. Malen Sie anschließend das Gesicht auf. Bemalen Sie den Körper mit roter Hobbyfarbe.
Biegen Sie den Figurendraht zu einem W, und kleben Sie ihn unter die rote Holzkugel als Füße.
Rollen Sie die Mütze auf, und kleben Sie diese auf dem Kopf fest. Am oberen Ende binden Sie die Mütze mit dem Samtfaden ab. Nun können Sie den Langhaarplüsch als Bart und den Pompon als Nase festkleben.
Schneiden Sie aus dem gelben Fotokarton einen Stern aus, und schreiben Sie darauf mit dem Embossing-Stift den Namen (siehe Anleitung Søren). Den fertigen Stern kleben Sie auf einen Schaschlikspieß und befestigen diesen am Bauch des Weihnachtsmannes.

Wandschmuck

Küchenkranz

Auch die Küche, in der die herrlichsten Kekse, Stollen und Lebkuchen gebacken werden, wird weihnachtlich dekoriert. Uns fiel hierzu dieser Tür- oder Wandkranz ein.

Material

- 1 Strohkranz, 20 cm Ø
- künstliche Tanne
- 3 Holzlöffel
- 15 cm roter Strickschlauch, 6 cm breit
- 40 cm geringelter Strickschlauch, 1,5 cm breit
- 1 Pompon, 20 mm Ø
- 4 cm Lockenstrang
- Samtfaden

Malen Sie das Gesicht auf den
Kochlöffel. Danach kleben Sie die
Locken und die Mütze fest. Die Mütze
wird oben mit dem Samtfaden abgebunden und unten nach außen aufgerollt. Den Strickschlauch-Schal binden Sie um den Stiel und fixieren ihn
zusätzlich mit etwas Klebstoff. Auch

hier werden die Enden mit dem
Samtfaden abgebunden.
Die drei Kochlöffel werden über-
einander – am besten mit Heißkleber –
am Kranz befestigt.

Etwas künstliche Tanne sorgt für die
typischen Weihnachtsfarben.

Glockenspiel

Ein zauberhafter Weihnachts-
schmuck für jedes Fenster! Die
große Glocke zu läuten, ist für den
kleinen Wichtel gar nicht so leicht!

Material
– 1 Styroporglocke, 11,5 cm Ø
– 20 cm unifarbener Stoff
– 20 cm gemusterter Stoff
– Stecknadeln, 18 mm lang
– roter Fotokarton
– 30 cm Goldkordel
– 90 cm rotes Satinband, 1 cm breit

– 3 goldene Perlen, 4 mm Ø
– 31 cm Chenilledraht, 12 cm für
  die Beine, 10 cm für die Arme,
  9 cm für den Hals
– 12 cm weißer Strickschlauch,
  1,5 cm breit (Arme)
– 19 cm roter Strickschlauch,
  2,2 cm breit (Beine)
– 6 cm roter Strickschlauch,
  3 cm breit (Mütze)
– 1 Holzkugel, 25 mm Ø
– roter Filz, 5 x 10 cm
– Sisalband (Haare)
– 1 Paar Puppenhände, 22 mm (Füße)
– 2 Rohholzkugeln, 10 mm Ø (Hände)
– Rest grüner Filz
– 1 weißer Pompon, 15 mm Ø
– Samtfaden

Glocke
Schneiden Sie den Stoff in 5 x 5 cm
große Quadrate. Falten Sie jeweils ein
Stoffquadrat zweimal zur gegenüber-
liegenden Ecke, so daß ein Dreieck
entsteht.
Beginnen Sie am unteren Glockenrand
mit 8 gemusterten Dreiecken. In der
nächsten Reihe folgen versetzt 8 uni-
farbene Dreiecke. In den nachfolgen-
den Reihen setzen Sie jeweils Uni auf
Uni und Muster auf Muster, bis Sie
oben an der Glocke angelangt sind und
nur noch ein Feld in der Größe eines
Quadrates freibleibt. Hierauf setzen
Sie ein letztes, nicht gefaltetes Qua-
drat.
Verzieren Sie die Glocke mit
Satinschleifen, die Sie mit Stecknadeln,
auf die Sie goldene Perlen gezogen haben, feststecken. Schneiden Sie aus ro-

tem Fotokarton einen Kreis im Durchmesser der Glocke aus, in dessen Mittelpunkt Sie ein Loch stechen. Hierdurch fädeln Sie die Goldkordel, die Sie von unten festknoten. Kleben Sie den Fotokarton an der Glocke fest.

Wichtel
Den Wichtel arbeiten Sie wie Frau Nelson auf dieser Seite.

Türkranz

Das sind Herr und Frau Nelson. Für sie gibt es nichts Schöneres, als sich nach getaner Arbeit im frischen Heu auszuruhen.

Frau Nelson
Material
– Chenilledraht, 12 cm für die Beine, 10 cm für die Arme, 9 cm für den Hals
– 19 cm roter Strickschlauch, 2,2 cm breit (Beine)
– 12 cm grüner Strickschlauch, 1,5 cm breit (Arme)
– 6 cm roter Strickschlauch, 3 cm breit (Mütze)
– grüner Filz, 5 x 10 cm
– Samtfaden
– Acrylic Fiber (Haare)
– 1 Paar Holzschuhe, 2 cm lang
– 2 Rohholzkugeln, 10 mm Ø (Hände)
– 1 Holzkugel, 25 mm Ø

Befestigen Sie die Rohholzkugeln an den Enden des 10 cm langen Chenilledrahtes und die Holzschuhe an den Enden des 12 cm langen Chenilledrahtes. Ziehen Sie diese durch den jeweiligen Schlauch. Binden Sie die Ärmelbündchen mit Samtfaden ab, und rollen Sie die Hosenbündchen auf. Nun legen Sie die Arme auf die in der Mitte zusammengebogenen Beine und

verbinden beides mit dem Halsstück. Schneiden Sie nun genau in der Mitte des Filzes ein kleines Loch, und stülpen Sie ihn anschließend über das Halsstück. Das Filzhängerchen binden Sie am Bauch mit dem Samtfaden zusammen.
Nun können Sie den Kopf festkleben. Die Haare werden in zwei Teilstücken geklebt: zuerst Pony und Nackenbereich, also von vorn nach hinten, und anschließend die Seitenpartien. Kleben Sie die aufgerollte und oben abgebundene Mütze fest. Nun können Sie das Gesicht aufmalen.

Herr Nelson
Material
– Chenilledraht, 14 cm für die Beine, 12 cm für die Arme, 9 cm für den Hals
– 20 cm geringelter Strickschlauch, 2,2 cm breit (Beine)
– 13 cm blauer Strickschlauch, 1,5 cm breit (Arme)
– 15 cm geringelter Strickschlauch, 1 cm breit (Schal)
– 8 cm blauer Strickschlauch, 4 cm breit (Mütze)
– Samtfaden
– blauer Filz, 6 x 12 cm
– 1 Holzkugel, 30 mm Ø
– Acrylic Fiber (Haare)

14

Herr Nelson wird genauso gearbeitet wie seine Frau.

Strohkranz
Material
– 60 cm Draht
– frisches, langfaseriges Heu
– etwas naturfarbener Bast
– 70 cm rotes, gedrahtetes Schleifenband, 4 cm breit

Biegen Sie aus dem Draht einen ovalen Kranz. Umwickeln Sie diesen mit frischem Heu, und binden Sie ihn fest mit dem Bast ab.

Kleben Sie nun das Pärchen in den Kranz, und verzieren Sie diesen mit einer Schleife, die Sie mit etwas Draht in das Heu stecken.

Lustige Figuren

Witzige Weihnachtsmänner

Ja, Weihnachtsmänner haben schwer zu schleppen!

Ob es nun der Sack voll Überraschungen ist, die Tannen aus dem Wald, oder ob es einfach nur die schweren Mützen sind. Tüchtig sind sie alle, diese lustigen Gesellen.

Weihnachtsmann mit hängender Mütze
Material
– 1 Holzkugel, 35 mm Ø
– 1 Holzkugel, 40 mm Ø
– rote Hobbyfarbe
– 13 cm Figurendraht
– 1 roter Pompon, 7 mm Ø
– 1 weißer Pompon, 20 mm Ø
– weißer Langhaarplüsch
– 20 cm roter Strickschlauch, 6 cm breit
– Samtfaden

Biegen Sie den Figurendraht zu einem W, und kleben Sie darauf die große, rot bemalte Holzkugel. Auf den Körper wird nun die kleine Kugel geklebt. Bemalen Sie jetzt das Gesicht. Danach können Sie den Langhaarplüsch in Form eines Bartes ankleben.
Über den Augen kleben Sie den Haaransatz fest. Der kleine rote Pompon dient als Nase.
Rollen Sie den Mützenrand ein wenig auf, und kleben Sie die Mütze auf dem Kopf fest. Binden Sie nun das Mützenende mit Samtfaden ab, und kleben Sie den weißen Pompon auf.

Weihnachtsmann mit hoher Mütze
Material
– siehe Material für den vorigen Weihnachtsmann,

zusätzlich:
- 1 Rundholz, 17 cm lang,
  6 mm Ø
- ein Rest Federboa

Dieser kleine Kerl wird genauso gear-beitet wie der erste Weihnachtsmann. Der Unterschied liegt im Aufbau der Mütze. Bevor Sie diese aufkleben, stecken Sie ein Rundholz in das Loch des Kopfes. Oben zugebunden bleibt die Mütze dann stehen. Anstatt eines Pompons wurde hier ein Stück Feder-boa verwendet.

Weihnachtsmann mit Sack
Material
- brauner Filz, 10 x 20 cm
- 1 roter Pompon, 15 mm Ø
- 1 weißer Pompon, 20 mm Ø
- weißer Langhaarplüsch
- 1 großes Holzei
- 13 cm Figurendraht
- 12 cm roter Strickschlauch,
  6 cm breit
- Füllwatte
- Samtfaden

Biegen Sie den Chenilledraht zu ei-nem W. Darauf kleben Sie das Holzei. Befestigen Sie nun um das ganze Ei herum halbhoch den Langhaar-plüsch. Kleben Sie die aufgerollte Mütze auf den Kopf. Binden Sie die Mütze ab, und kleben Sie den Pom-pon auf. Den roten Pompon verwen-den Sie als Nase. Nun können Sie die Augen aufmalen.
Kleben Sie den Filz für den Sack so zusammen, daß das Stück die Maße 10 x 10 cm hat. Drehen Sie ihn auf rechts, und stopfen Sie ein wenig Füllwatte hinein. Anschließend schnüren Sie ihn mit Samtfaden zu und befestigen den Sack am Körper.

Weihnachtsmann mit Tannenbäumen
Material
- 1 großes Holzei
- 2 Puppenhände,
  22 mm lang
- 14 cm Chenilledraht
- 1 roter Pompon,
  15 mm Ø
- 20 cm roter Strick-schlauch,
  1,5 cm breit (Arme)
- 10 cm roter Strick-schlauch,
  6 cm breit (Mütze)
- 13 cm Figurendraht
- Tannenreste
- Langhaarplüsch
- Samtfaden

Biegen Sie den Figurendraht zu ei-nem W. Darauf kleben Sie das Holzei fest. Bekleben Sie jetzt ⅔ der Höhe des Eies mit Langhaarplüsch. Rollen Sie das Mützenende auf, und kleben Sie es so fest, daß kein Holz mehr zu sehen ist. Binden Sie nun das obere Mützenende mit Samtfa-den ab, und kleben Sie die Nase auf. Schneiden Sie für die Arme den Chenilledraht und den Strick-schlauch jeweils in der Mitte durch. Binden Sie den Schlauch von innen ab. Verbinden Sie die Puppenhände mit dem Chenilledraht, und kleben Sie diesen in den Schlauch. Rollen Sie die Ärmelbündchen auf. Nun können Sie die Arme an den Körper kleben. Kleben Sie die Tanne in die Arme.

17

Chorknaben

Die beiden „braven Chorknaben" Bruno und Freddy sorgen sicherlich für viel Stimmung.

Ob sie den richtigen Ton treffen werden?

Material für Bruno
– 1 Kegel, 15 cm hoch
– 20 cm weißer Strickschlauch, 6 cm breit (Körper)
– 23 cm weißer Strickschlauch, 2,2 cm breit (Arme)
– 1 Wattekugel, 60 mm Ø (Kopf)
– 2 Wattekugeln, 20 mm Ø (Hände)
– 1 Wattekugel, 12 mm Ø (Nase)
– 21 cm Chenilledraht (Arme)
– Gittertüll, 15 x 20 cm
– goldenes Lametta
– Glitzerstickfarbe
– Notenpapier
– 45 cm goldenes Schleifenband
– 40 cm weißes Schleifenband
– rosa, schwarze und beigefarbene Hobbyfarbe

Abweichendes Material für Freddy
– 1 Kegel, 12 cm hoch
– 1 Wattekugel, 50 mm Ø (Kopf)
– 2 Wattekugeln, 17 mm Ø (Hände)
– ½ Wattekugel, 12 mm Ø (Nase)

– 20 cm weißer Strickschlauch, 2,2 cm breit (Arme)
– 18 cm weißer Strickschlauch, 6 cm breit (Körper)
– 18 cm Chenilledraht (Arme)

Rollen Sie den Körperschlauch auf. Stecken Sie den Kegel in den Schlauch. Fixieren Sie den aufgerollten Rand mit Klebstoff, und stecken Sie den Schlauch an der Kegelspitze hinten mit Nadeln fest.

Die bemalte und mit Lametta beklebte Wattekugel für den Kopf kleben Sie auf die Kegelspitze.

Kleben Sie die Hände auf den Chenilledraht, und schieben Sie den Draht in den Strickschlauch für die Arme. Schlagen Sie den Strickschlauch an beiden Seiten ein, und kleben Sie ihn unterhalb des Kopfes am Kegel fest.

Für die Flügel raffen Sie den Gittertüll zusammen, binden diesen ab und kleben ihn hinten unterhalb der Arme an. Kleben Sie die Schleifen sowie die Notenrolle an, und verzieren Sie das Kleid mit Glitzerstickfarbe.

Schneemänner

Schneemänner sind eine schöne Dekoration für den gesamten Winter.
Diese kleinen Gesellen schmücken die Fensterbank, den Tisch oder als Anhänger Ihre Tannenzweige.

Material
– Wattekugeln, 17 und 20 mm Ø (kleine Schneemänner)
– Wattekugeln, 20 und 30 mm Ø (große Schneemänner)
– Strukturschnee
– Glitzerfarbe
– rote und schwarze Rocailleperlen
– Stecknadeln
– Filzreste in verschiedenen Farben
– 8 cm Strickschlauch, 2,2 cm breit, in verschiedenen Farben (kleine Schneemänner)
– 8 cm Strickschlauch, 3 cm breit, in verschiedenen Farben (große Schneemänner)
– roter und schwarzer Bastellack

Kleben Sie zwei gleich große Wattekugeln zusammen, und bestreichen Sie diese anschließend mit Strukturschnee. Nach dem Trocknen tragen Sie noch eine Schicht Glitzerfarbe auf. Den aus einem Filzrest geschnittenen Schal sowie die abgebundene und aufgerollte Mütze kleben Sie an den Wattekugeln fest. Für die Augen „spießen" Sie jeweils eine, für die Nase drei und für die Knöpfe je eine Rocailleperle auf eine kurze Stecknadel. Stecken Sie diese in die Wattekugeln. Den Nadelkopf bemalen Sie jeweils mit rotem bzw. schwarzem Bastellack.

Lena beim Schneemannbauen

Stolz bewundert Lena ihr Meisterwerk: Der Schneemann ist fertig.

Material für den Schneemann
– 1 Wattekugel, 60 mm Ø
– 1 Wattekugel, 70 mm Ø
– 5 schwarze Glasaugen, 10 mm Ø
– 1 Pompon, 20 mm Ø
– 30 cm geringelter Strickschlauch, 1,5 cm breit (Schal)
– 17 cm geringelter Strickschlauch, 6 cm breit (Mütze)
– Figurenkegel, 2,5 cm lang
– Strukturschnee
– Glitzerfarbe
– orange Hobbyfarbe

Material für Lena
– 20 cm Chenilledraht (Beine)
– 15 cm Chenilledraht (Arme)
– 23 cm roter Strickschlauch, 1,5 cm breit (Beine)
– 18 cm roter Strickschlauch, 1,5 cm breit (Arme)
– 17 cm grüner Strickschlauch, 3 cm breit (Mütze)
– Juteband
– grüner Filz

– 1 Holzkugel, 25 mm Ø
– 2 Puppenhände, 32 mm lang
– 1 Paar Holzschuhe, 25 mm lang
– 1 Birkenscheibe
– 1 Besen

Den Schneemann arbeiten Sie nach der Anleitung für die Schneemänner auf Seite 21. Für die Augen und die Knöpfe nehmen Sie jedoch die Glasaugen, für die Nase den Figurenkegel. Sägen Sie vorher den Kopf ab, und malen Sie den Kegel mit der Hobbyfarbe an. Lena wird wie Frau Nelson auf Seite 13 gearbeitet. Der Pullover wird aus einem Filzquadrat in der Größe 11 x 11 cm geschnitten.

Bestreichen Sie die Birkenscheibe „satt" mit Strukturschnee.
Setzen Sie hierein den Schneemann und Lena.

Stützen Sie die beiden Figuren ein paar Stunden ab, damit der Schnee aushärten kann.

Weihnachtsmäuse

Fridolin, die Duftmaus

Diese Maus möchte wohl jeder gern bei sich zu Hause haben. Sie duftet so herrlich nach Weihnachtsgewürzen und sieht putzig aus (Abb. S. 23).

Material
– 1 Styroporkugel, 5 cm Ø
– 1 Styroporkegel, 4 cm hoch
– 15 cm grauer Strickschlauch, 4 cm breit (Kopf)
– 20 cm grauer Strickschlauch, 2,2 cm breit (Arme)
– 40 cm roter Strickschlauch, 2,2 cm breit (Schal)
– 15 cm roter Strickschlauch, 6 cm breit (Mütze)
– 30 x 60 cm Stoff
– Füllwatte
– grauer Filz, 4 x 8 cm
– beiger Filz, 3 x 6 cm
– weißer Filz, 1 x 1 cm
– Langhaarplüsch
– 2 Wackelaugen, 12 mm Ø
– 1 weißer Pompon, 20 mm Ø
– Duftpotpourrie
– Granulat oder Reis
– 1 schwarzer Pompon, 15 mm Ø
– Borsten vom Besen
– reißfester Faden
– Samtfaden
– kleines Päckchen

Kopf
Schneiden Sie vom Kegel je ½ cm oben und unten ab. Verbinden Sie die Kugel mit dem Kegel. Verwenden Sie hierfür einen styroporgeeigneten Klebstoff. Binden Sie den 4 cm breiten Strickschlauch von innen ab. Ziehen Sie ihn straff über den Kopf, und binden Sie ihn fest zusammen. Der übrige Schlauch wird später in den Körper gesteckt. Kleben Sie nun ein paar Borsten auf die Nasenspitze und darauf den Pompon (siehe Tip „Mützenmaus" Seite 29). Unterhalb des Pompons werden die Zähne festgeklebt. Kleben Sie die Augen auf und oberhalb der Augen die Haare.

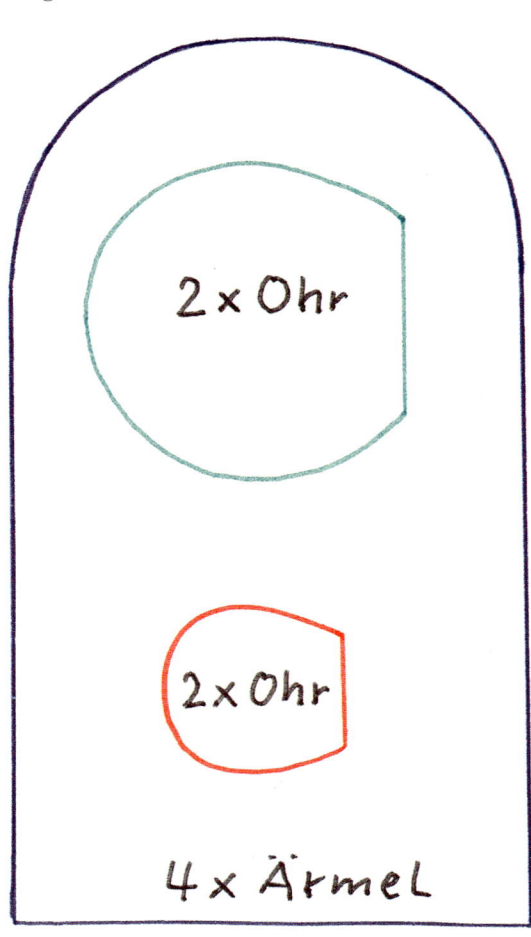

2 x Ohr

2 x Ohr

4 x Ärmel

Körper

Schneiden Sie einen Stoffkreis mit einem Durchmesser von 30 cm aus. Fädeln Sie einen reißfesten Faden am Rand durch, und füllen Sie den Boden mit Granulat oder Reis auf. Ziehen Sie nun den Körper ein wenig zusammen, und füllen Sie ihn mit dem Potpourrie auf. Nun ziehen Sie den Faden um den „Mäusehals" fest zusammen.

Arme

Teilen Sie den Schlauch in der Mitte, binden Sie ihn von links ab, und stopfen Sie ihn mit Füllwatte aus.

Ärmel

Schneiden Sie nach dem Schnittmuster zweimal jeden Ärmel gegengleich aus. Nähen Sie die Bündchen ½ cm um, und nähen Sie die Teile zusammen. Kleben Sie den Arm in den Ärmel und anschließend an den Körper.

Mütze

Binden Sie die Mütze von innen ab, und rollen Sie sie auf. Kleben Sie die Mütze fest. Das Ende erhält einen Pompon.

Ohren

Schneiden Sie die Ohren je zweimal aus. Kleben Sie das kleine Ohr auf das große, dann kleben Sie die geraden Kanten zusammen. Die fertigen Ohren werden auf der Mütze befestigt. Legen Sie den Schal um den Mäusehals, und binden Sie die Enden mit Samtfaden ab. Jetzt bekommt unser Mäuserich noch ein Päckchen unter den Arm geklebt.

Blumenstecker

Man nimmt sie kaum wahr, und doch sind sie da, die Weihnachtsmäuse. Diese beiden zum Beispiel haben sich im Blumentopf versteckt.

Große Maus mit Brille
Material
– 1 Watteei, 6 cm Ø
– 1 Rundholzstab, 3 mm Ø
– 1 weißer Pompon, 20 mm Ø
– 1 schwarzer Pompon, 15 mm Ø
– 2 ovale Wackelaugen, 10 mm Ø

– Langhaarplüsch
– Borsten vom Handfeger
– graue Hobbyfarbe
– 30 cm geringelter Strickschlauch, 4 cm breit
– 50 cm Taftband, 15 mm breit
– kleine Brille

Stecken Sie das Watteei so auf das Rundholz, daß die Spitze vom Ei vorne ist. Bemalen Sie das Ei mit Hobbyfarbe. Dann kleben Sie die Borsten und den Pompon auf. Jetzt können

Sie die Augen aufkleben. Ca. 1 cm darüber wird der Langhaarplüsch befestigt.

Binden Sie den Strickschlauch an einem Ende von innen ab, das andere Ende wird aufgerollt. Kleben Sie die Mütze auf, und befestigen Sie das Ende am Rundholz. Unter dem Kopf kleben Sie die Schleife fest. Mit Brille sieht diese Weihnachtsmaus richtig pfiffig aus.

Kleine Maus
Material
– 1 Watteei, 5 cm Ø
– 1 Rundholzstab, 3 mm Ø
– 3 weiße Pompons, 20 mm Ø
– 1 schwarzer Pompon, 15 mm Ø
– Langhaarplüsch
– 2 ovale Wackelaugen, 10 mm Ø

– Borsten vom Handfeger
– graue Hobbyfarbe
– 30 cm Strickschlauch, 1,5 cm breit (Schal)
– 17 cm Strickschlauch, 4 cm breit (Mütze)
– 15 cm Chenilledraht
– Samtfaden

Arbeiten Sie den Kopf und die Mütze ebenso wie die der großen Maus. Schieben Sie in den 1,5 cm breiten Schlauch einen Chenilledraht. Binden Sie den Schlauch an den Enden mit Samtfaden ab, und befestigen Sie ihn mit Klebstoff unter dem Kopf am Rundholz.

Nun kleben Sie jeweils einen Pompon auf die Enden des Schals.

Mützenmaus

Kurz vor Weihnachten, wenn die Vorbereitungen schon im Gange sind und alle hektisch hin und her laufen, ist es für die Weihnachtsmaus höchste Zeit, ihre Schlummermütze zu verlassen.

Material
– ½ teilbares Plastikei, 10 cm hoch
– 35 cm Federboa
– 2 Wackelaugen, 12 mm Ø
– 0,5 m Garn für Teddynasen
– Borsten vom Besen

– 1 schwarzer Pompon, 15 mm Ø
– 15 cm grauer Strickschlauch, 6 cm breit
– weißer Filz, 4 x 6 cm
– grauer Filz, 5 x 10 cm
– roter Filz, 20 x 30 cm
– Füllwatte

Mütze
Schneiden Sie zwei Dreiecke in der Größe 13 x 30 cm zu. Nähen Sie beide Teile zusammen, und wenden Sie sie anschließend.

Nun können Sie die Federboa außen

an den oberen Rand und am Zipfel ankleben. Stopfen Sie die fertige Mütze mit wenig Füllwatte aus.

Maus

Ziehen Sie den Schlauch über das Ei. Kleben Sie die Enden der oberen Seite ins Ei und die Enden der unteren Seite nach innen umgeschlagen dagegen. So haben Sie einen sauberen Abschluß. Schneiden Sie nun die Ohren laut Vorlage aus. Kleben Sie diese aufeinander und an der geraden Seite zusammen.

Ziehen Sie nun das schwarze Garn als Haare durch den Schlauch, knoten den Faden ab und schneiden ihn ab. Dieses machen Sie so oft, bis der Faden verbraucht ist. Kleben Sie nun die Barthaare, die Augen und den Pompon auf.

Tip: Wenn Sie als Barthaare Borsten aus einem Besen verwenden, halbieren Sie die abgeschnittene Menge, und drehen Sie die Borsten so um, daß die nicht geschnittenen Spitzen außen sind. Die Haare laufen so weich aus.

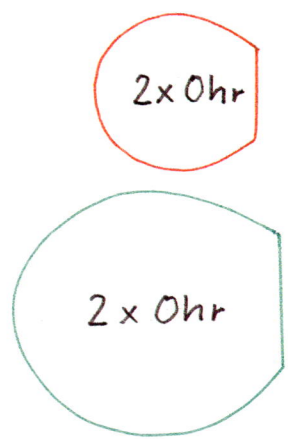

Figuren aus Naturmaterial

Arnold, der Zapfenwichtel

Natur ist in! Dieses Motto verwirklichen die Skandinavier vor allem auch in der Weihnachtszeit. Arnold ist ein typisches Beispiel dafür.

Material
– 1 großer Kiefernzapfen
– 1 Holzkugel, 70 mm Ø

– 25 cm roter Strickschlauch, 10 cm breit
– 40 cm Federboa
– 45 cm geringelter Strickschlauch, 2,2 cm breit
– 1 Pompon, 15 mm Ø
– 40 cm Chenilledraht (Schal)

Kleben Sie die Feder-
boa um die Holzkugel,
setzen Sie die aufge-
rollte und abgebundene
Mütze auf, und bema-
len Sie das Gesicht.

Der Pompon dient als
rotgefrorene Nase.

Brechen Sie jetzt mit
einer Zange die Spitzen
des Zapfens ab, damit
der Kopf eine ausrei-
chende Klebefläche
hat, und befestigen Sie
den Kopf.

Schieben Sie den
Chenilledraht in den
Schal, und binden Sie
die Enden ab.

Dann legen Sie den
Schal um den Hals des
Wichtels.

Winterkinder

Auch die Körper dieser niedlichen
Winterkinder bestehen aus Na-
turmaterial.

Material für 1 Figur
– 1 Lotuskapsel
– 1 Paar Holzschuhe, 2 cm lang

– 1 Rundholz, 6 mm Ø
– 1 Holzkugel, 30 mm Ø
– 2 Holzkugeln, 10 mm Ø
– 14 cm Chenilledraht
– 10 cm Strickschlauch,
   4 cm breit (Mütze)
– 18 cm Strickschlauch,

1,5 cm breit (Arme)
- 14 cm Strickschlauch,
  1,5 cm breit (Beine)
- Filz, 15 x 1 cm
- 7 cm Lockenstrang
- 1 Körbchen bzw. Leiter, Besen,
  Tannenzweig

Kleben Sie je 6 cm Rundholz als Beine in die Holzschuhe. Beziehen Sie
diese mit Strickschlauch, den Sie unten einschlagen. Die Beine kleben Sie

in die Lotuskapsel. Der Stiel der Kap-
sel bildet den Hals. Hierauf kleben
Sie den vorbereiteten Kopf. Unterhalb
des Stiels befestigen Sie die Arme.
Die Klebestellen kaschiert der Schal
aus Filz.

Tip: Bevor Sie den Chenilledraht für
die Arme in den Schlauch stecken,
kleben Sie die Holzkugeln an. Hierdurch gleitet der Chenilledraht ohne
„Ziepen" durch den Schlauch.

ENGLISCH VERLAG

kreativ

ISBN 3-8241-0681-7
Broschur, 32 S., Vorlagebogen

ISBN 3-8241-0672-8
Broschur, 32 Seiten

ISBN 3-8241-0680-9
Broschur, 32 S., Vorlagebogen

ISBN 3-8241-0706-6
Broschur, 32 S., Vorlagebogen

ISBN 3-8241-0675-2
Broschur, 32 Seiten

ISBN 3-8241-0697-3
Broschur, 32 Seiten